AF432462

COMMENT
TAPPELLES TU ?

ES TU PRÊT POUR L'AVENTURE?

NOUS ALLONS ENSEMBLE PARCOURIR LES DIFFERENTES PAGES DE TON LIVRE.

- Lecture
- Mathématique
- Graphisme
- Jeux et coloriage

Retrouve le mot **OEUF** et entoure le.

FOU

FEE

OURS

OEUF

OEUF

FOU

FEE

OUF

OEUF

OURS

FOU

FEE

Regroupe les œufs en les entourant par

5

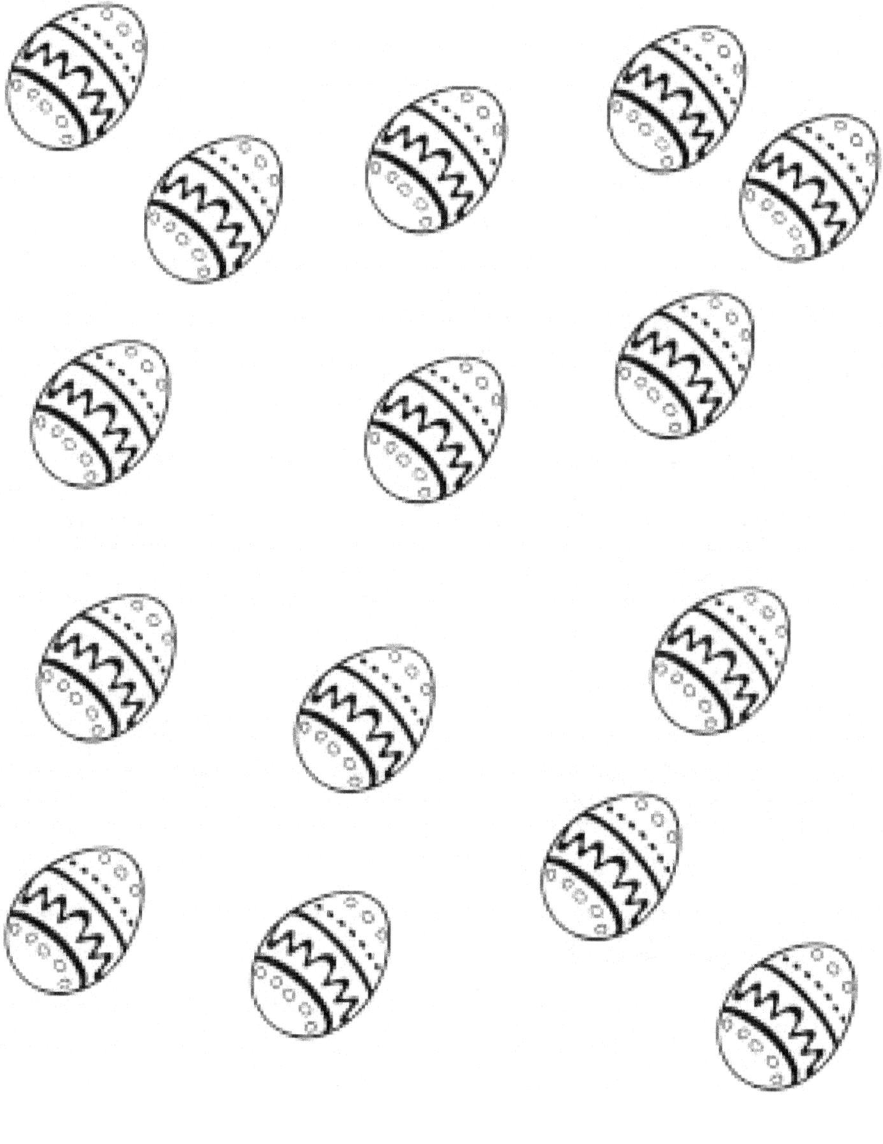

Recopie "POULE" entre les deux lignes

Colorie selon tes envies

Trace le chemin du lapin vers les oeufs en chocolat.

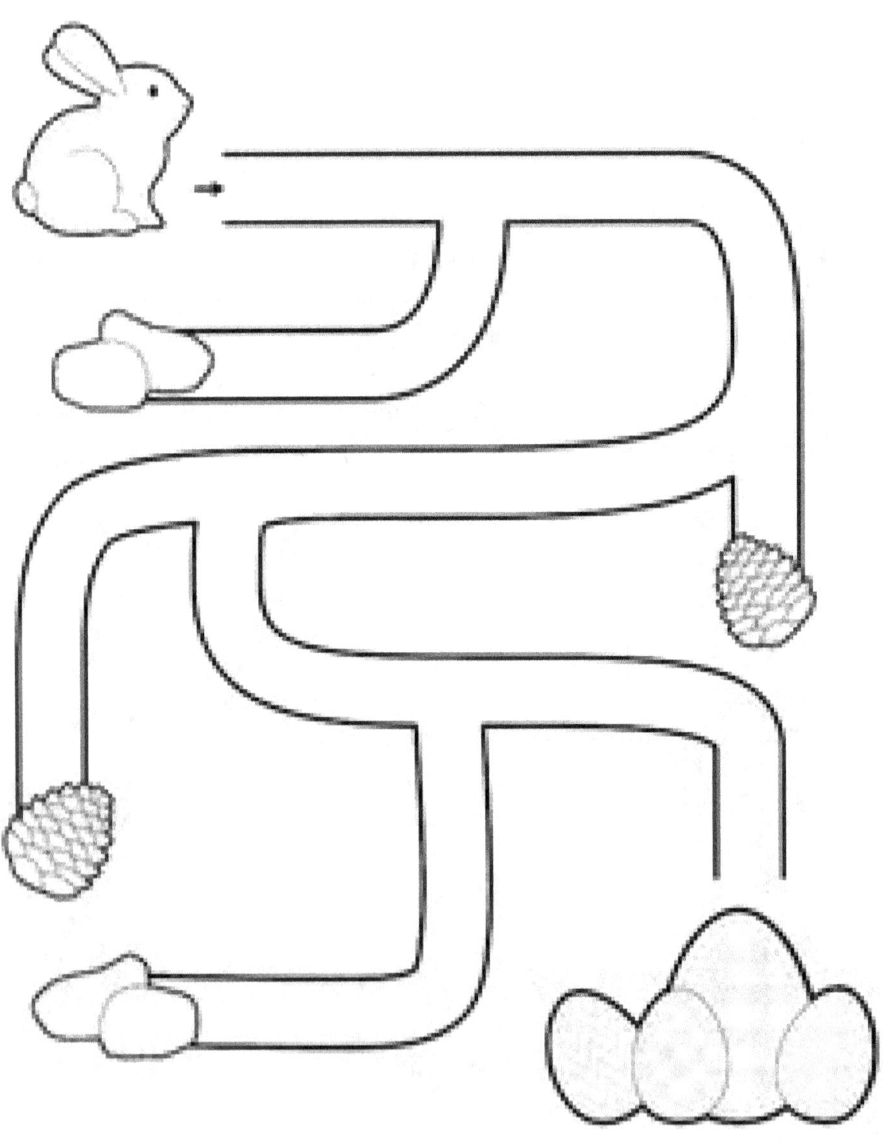

Retrouve le mot **CLOCHE** et   entoure le.

CLOCHE

CLOU

CHOCOLAT

CLEF

CHOCOLAT

CLOCHE

CLEF

CLOCHE

Colorie autant d'oeufs que le nombre indiqué.

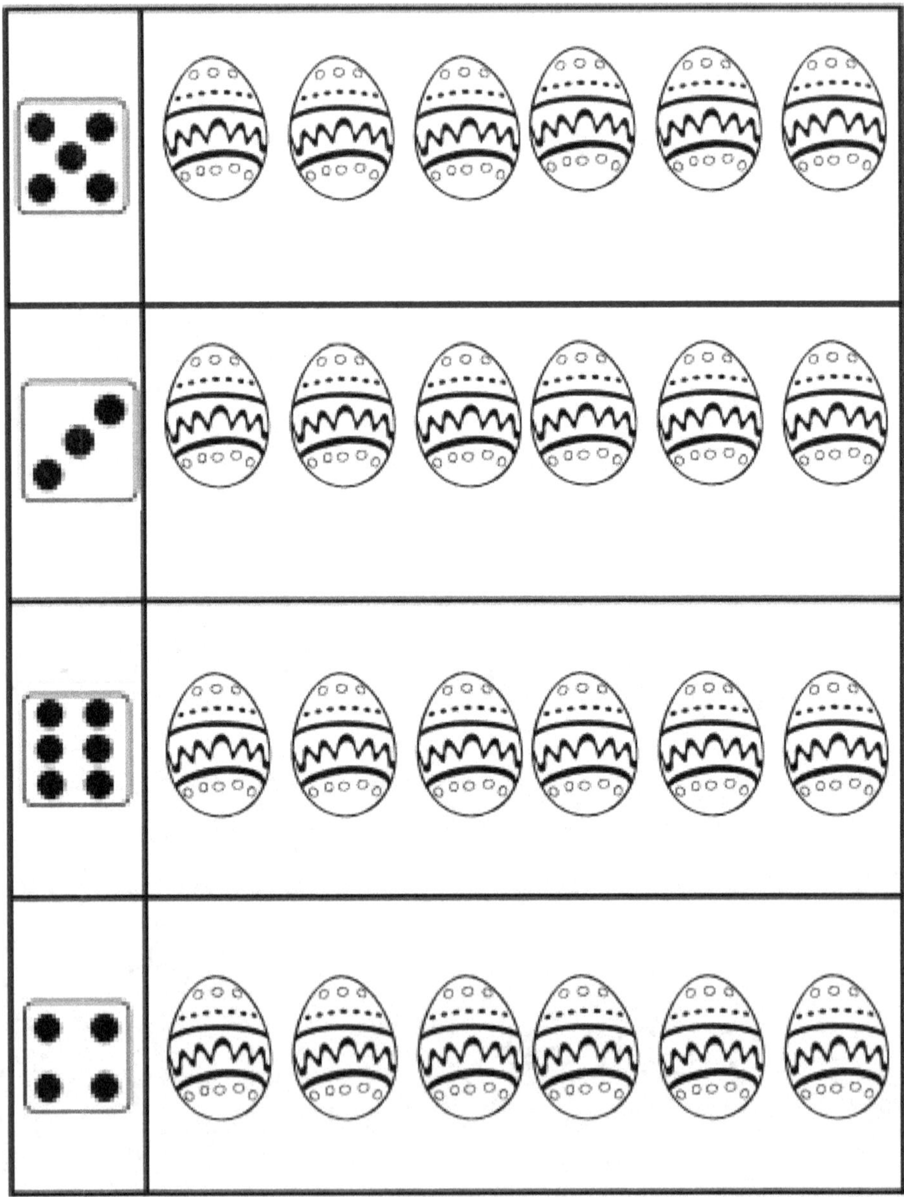

Recopie   "LAPIN"   entre les deux lignes

Colorie selon tes envies

Aide la poule à retrouver son petit.

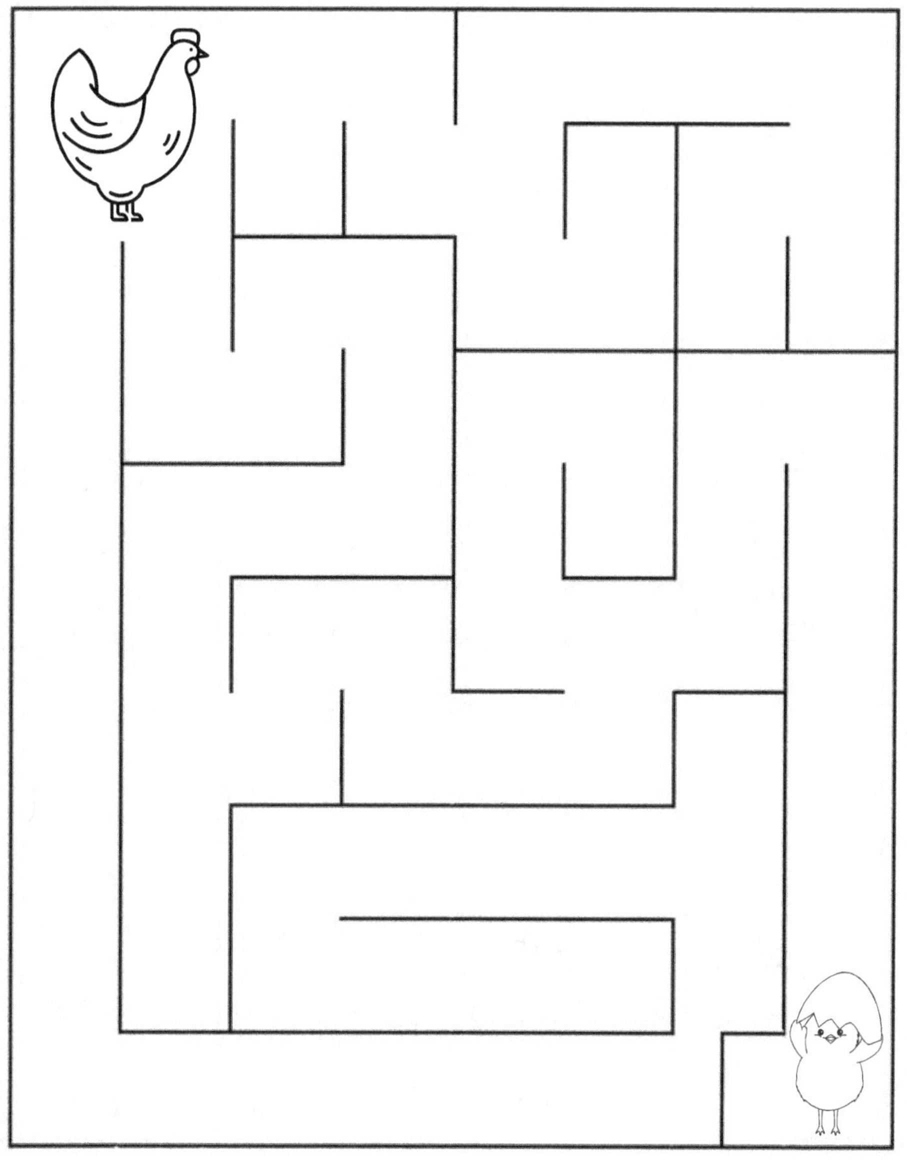

Colorie les mots identiques correspondant à l'image

POULE

POULE	POUSSIN	POULE
CLOCHE	POULE	PANIER

POULE	PANIER	LAPIN
CLOCHE	OEUF	POULE

OEUF

OEUF	POUSSIN	POULE
CLOCHE	OEUF	PANIER

POULE	POUSSIN	OEUF
CLOCHE	OEUF	LAPIN

LAPIN

LAPIN	POUSSIN	LAPIN
CLOCHE	OEUF	PANIER

POULE	CLOCHE	LAPIN
LAPIN	OEUF	PANIER

Entoure le groupe où il y en a PLUS d'animaux.

Décore ton oeuf de pâques.

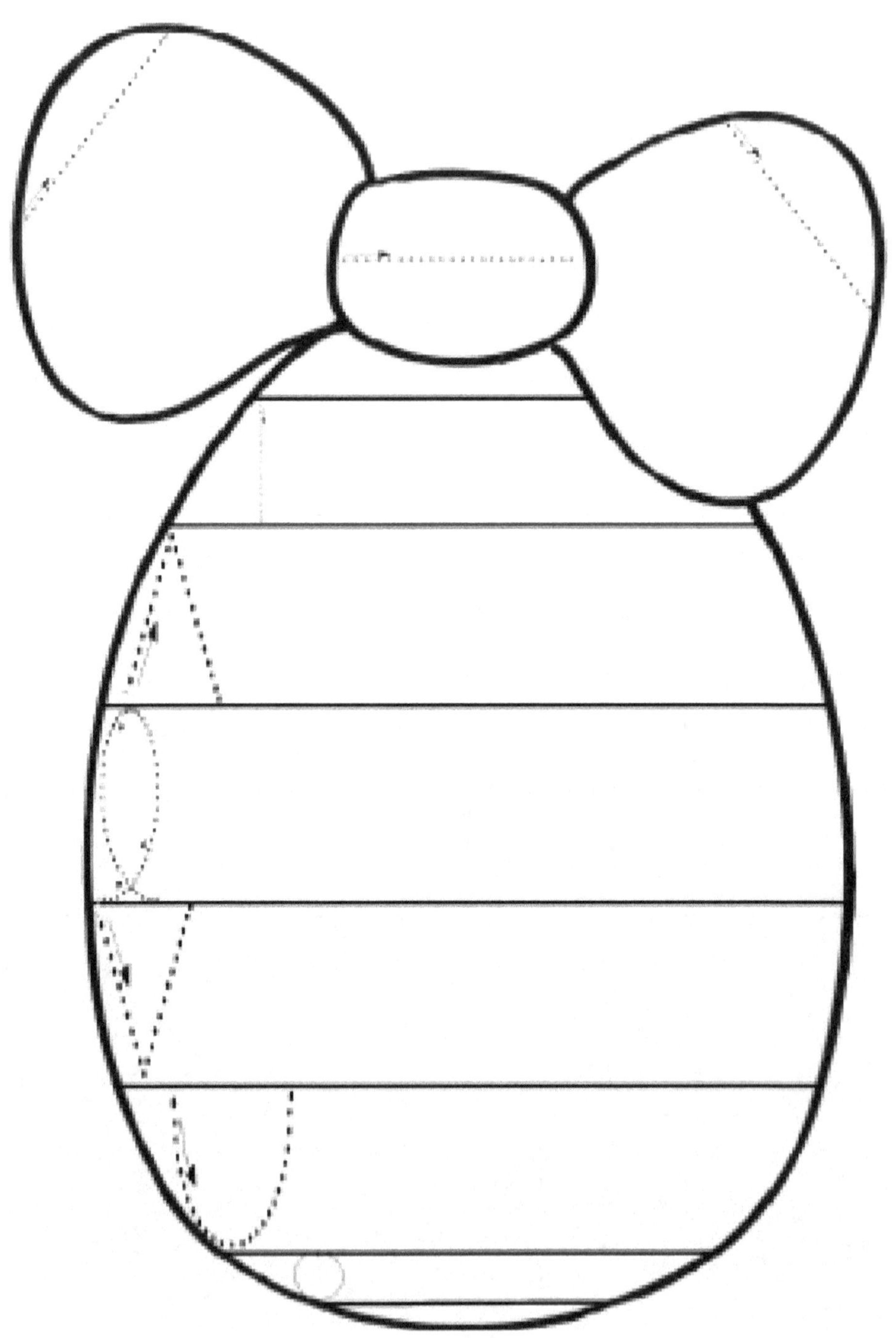

Colorie selon tes envies

Relie les oeufs identiques.

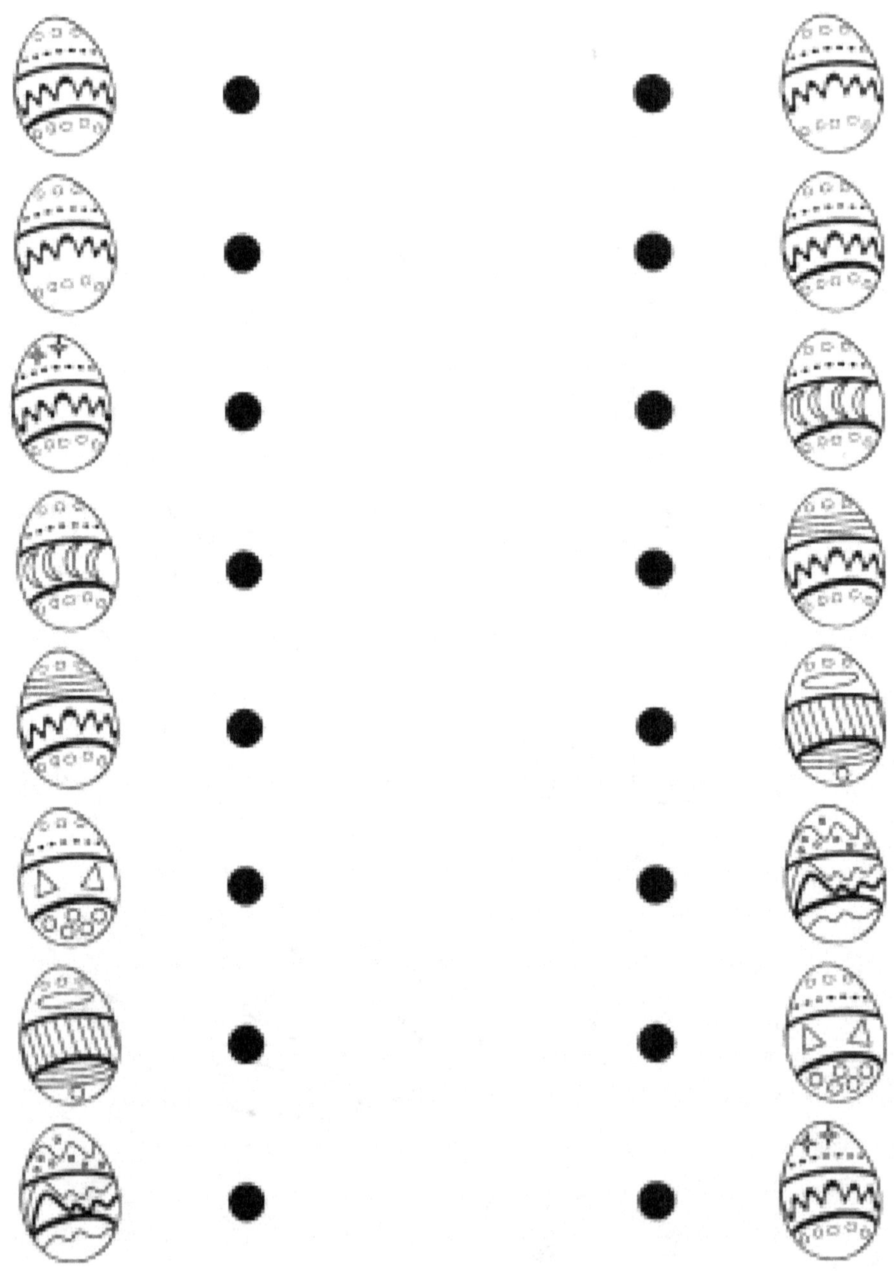

Découpe les lettres puis reconstitue le mot "PANIER"

P A N I E R

P R A E N I

Dessine autant d'oeufs dans le panier.

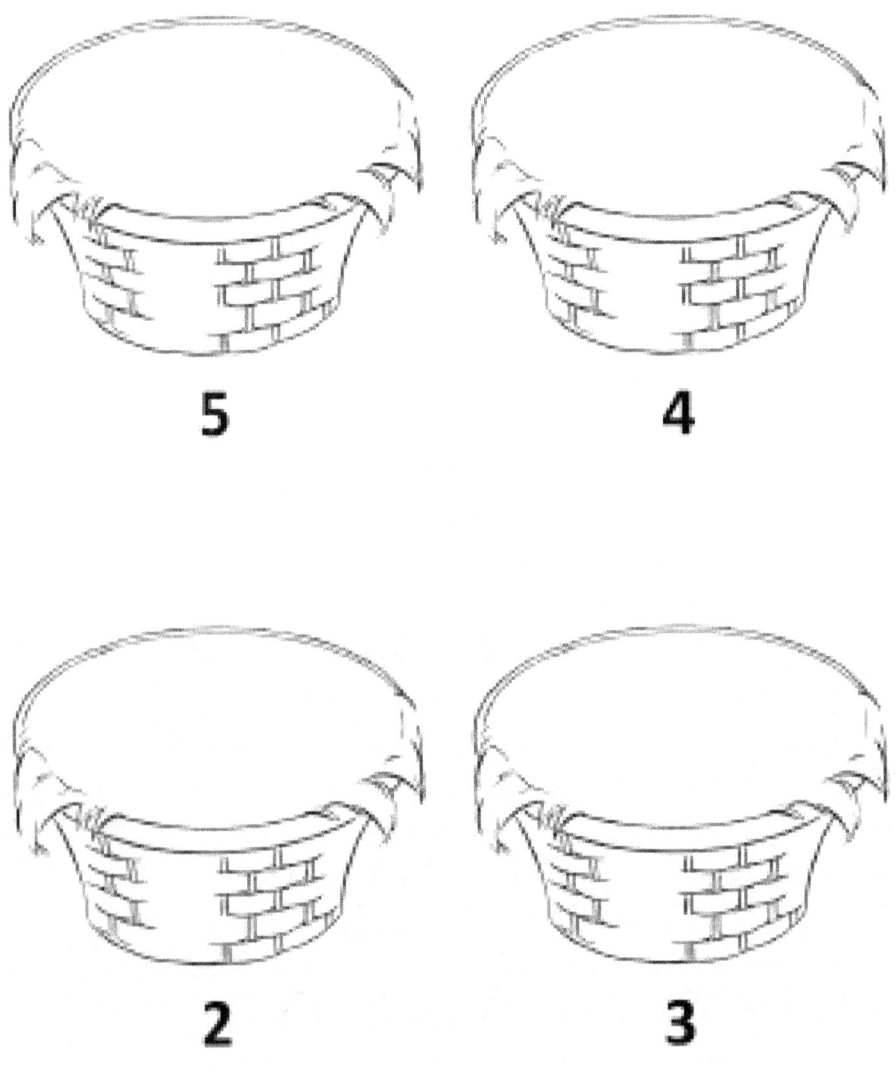

Décore le panier de pâques.

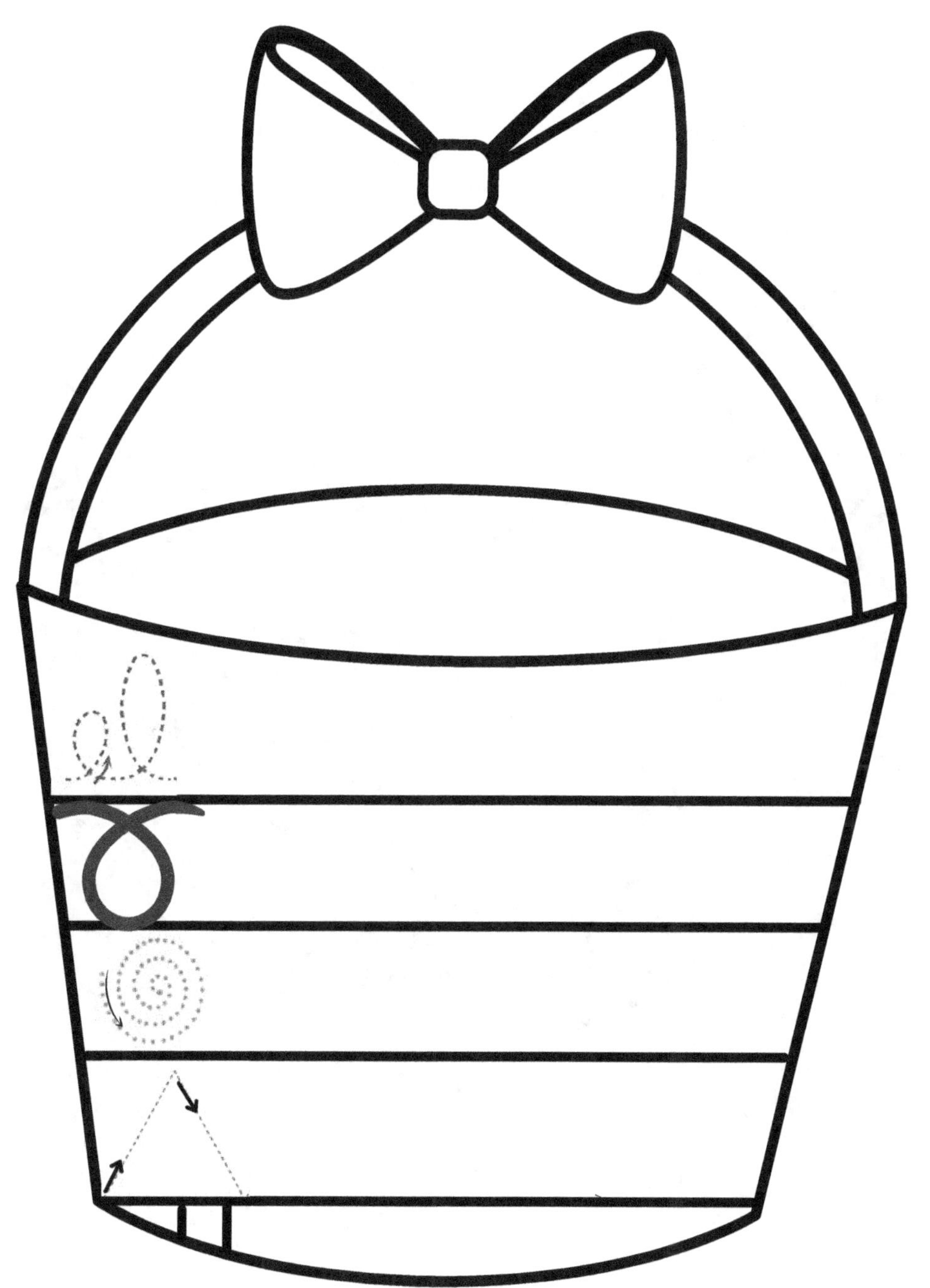

Colorie selon tes envies

Les 5 différences.

Aides toi de l'image du haut pour repérer les 5 erreurs et entoure les.

Entoure les mots identiques correspondant à l'image

PANIER

POUSSIN

POULE

POULE

PANIER

POUSSIN

POUPEE

CLOCHE

CHOU

CHOCOLAT

CLOCHE

CHAPEAU

CLOCHE

Entoure le groupe où il y en a MOINS d'objets.

Repasse sur les pointillés

une poule

une poule une poule

un œuf

un œuf un œuf

Colorie selon tes envies.

Les 5 différences.

Aides toi de l'image du haut pour repérer les 3 erreurs et entoure les.

A l'aide de 3 couleurs,relie les mots identiques
à l'image.

Dessine autant d'œufs dans le panier.

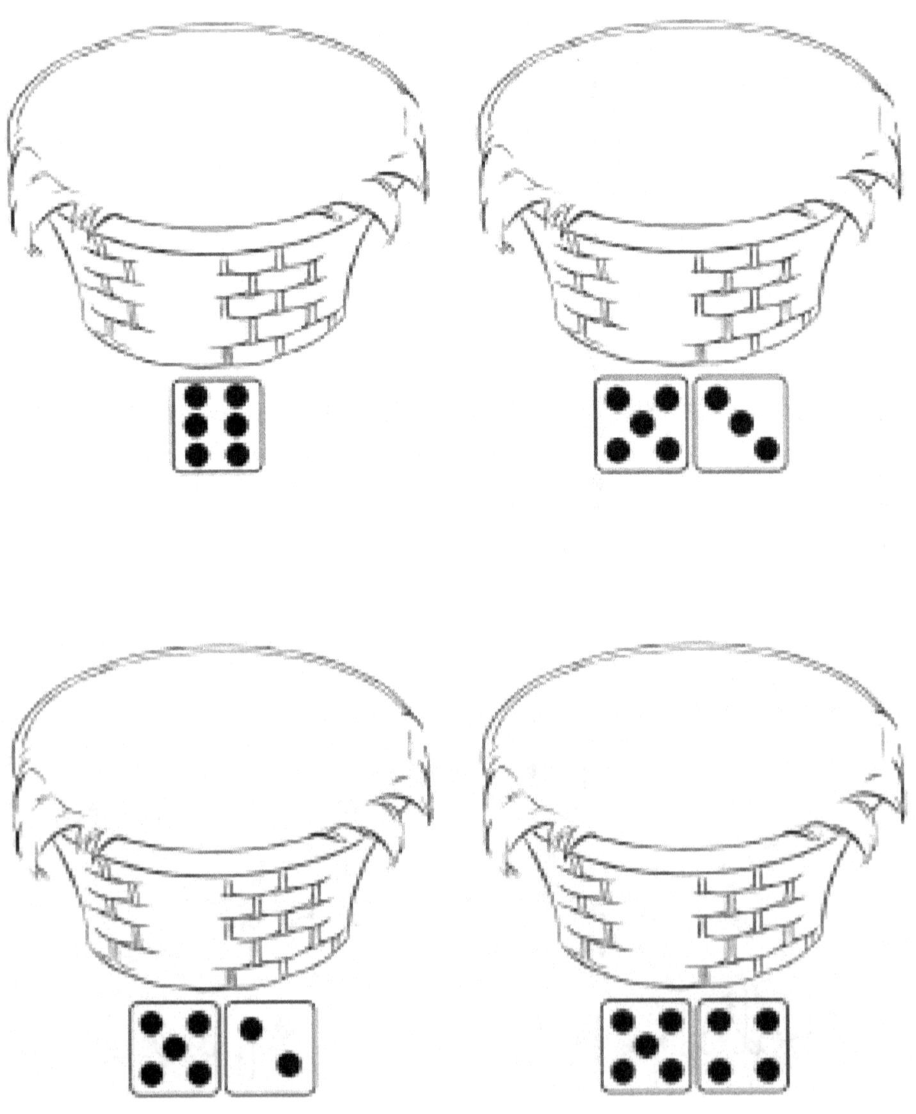

Ecriture des nombres.

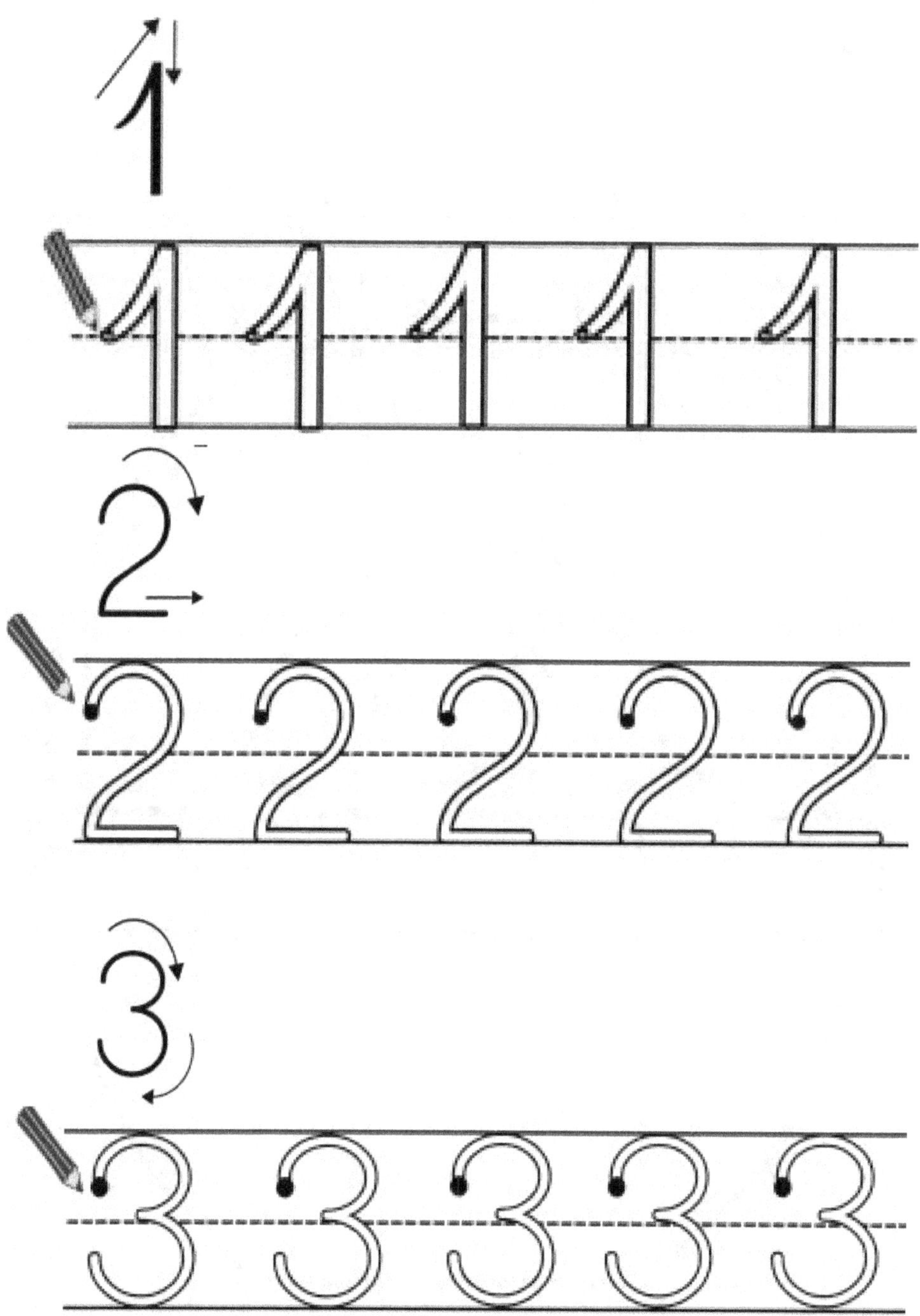

Colorie selon tes envies.

- Colorie en BLEU les poules qui partent à gauche et en ROUGE celles qui partent à droite.

- Combien y a t il d'œufs de pâques.

A l'aide de 3 couleurs,relie les mots identiques
à l'image.

Relie chaque collection au nombre correspondant.

Ecriture des nombres.

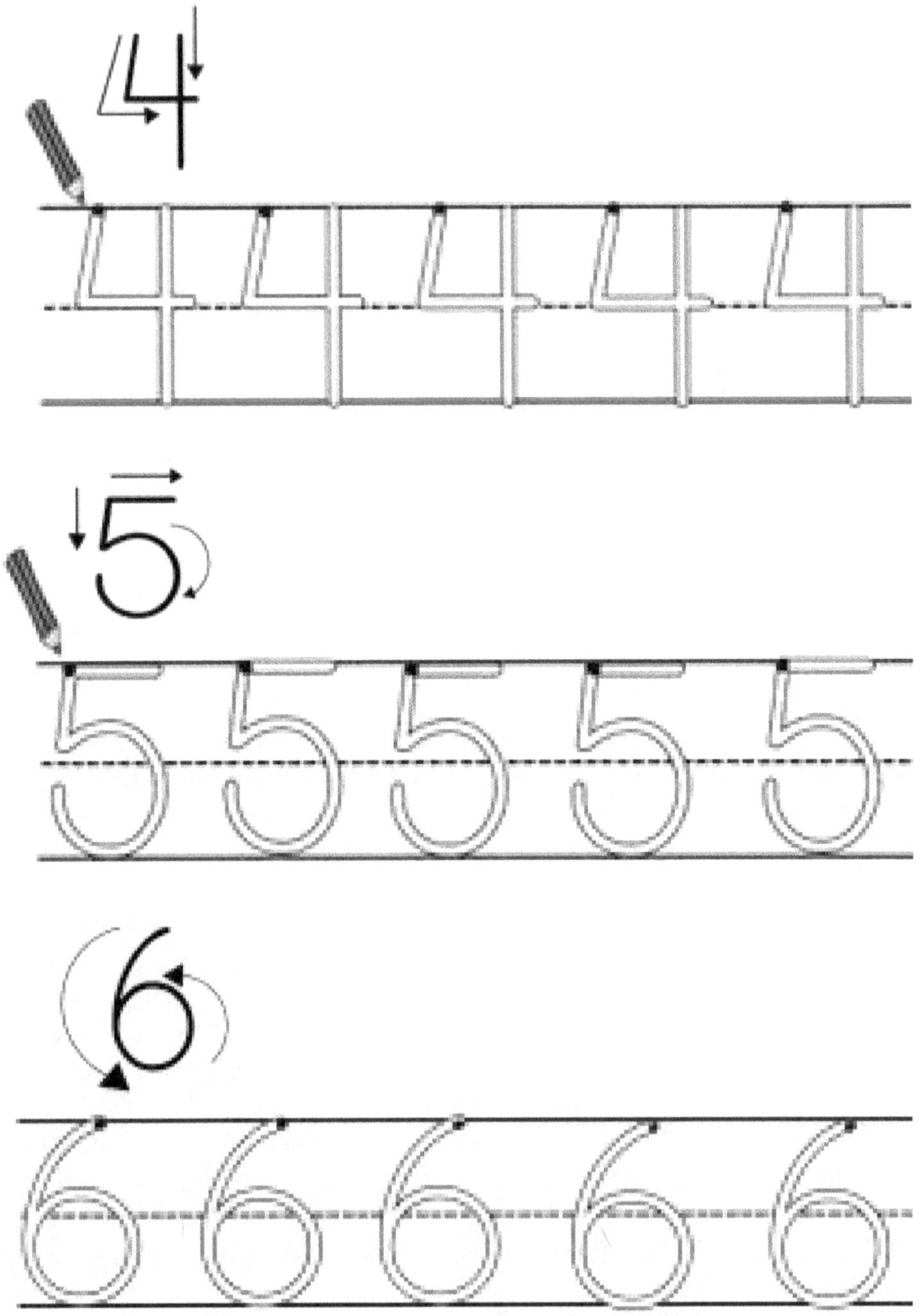

Colorie selon tes envies.

Découvre le dessin en reliant les points de 1 à 10.

Découpe les étiquettes et colle les
au bon endroit.

Dessine le nombre d'oeufs indiqué dans le ventre du lapin glouton.

Recopie les mots .

lapin

....

panier

....

cloche

....

Colorie selon tes envies.

Colorie les objets de pâques.

Découvre le dessin en reliant les points de 1 à 10 puis colorie.

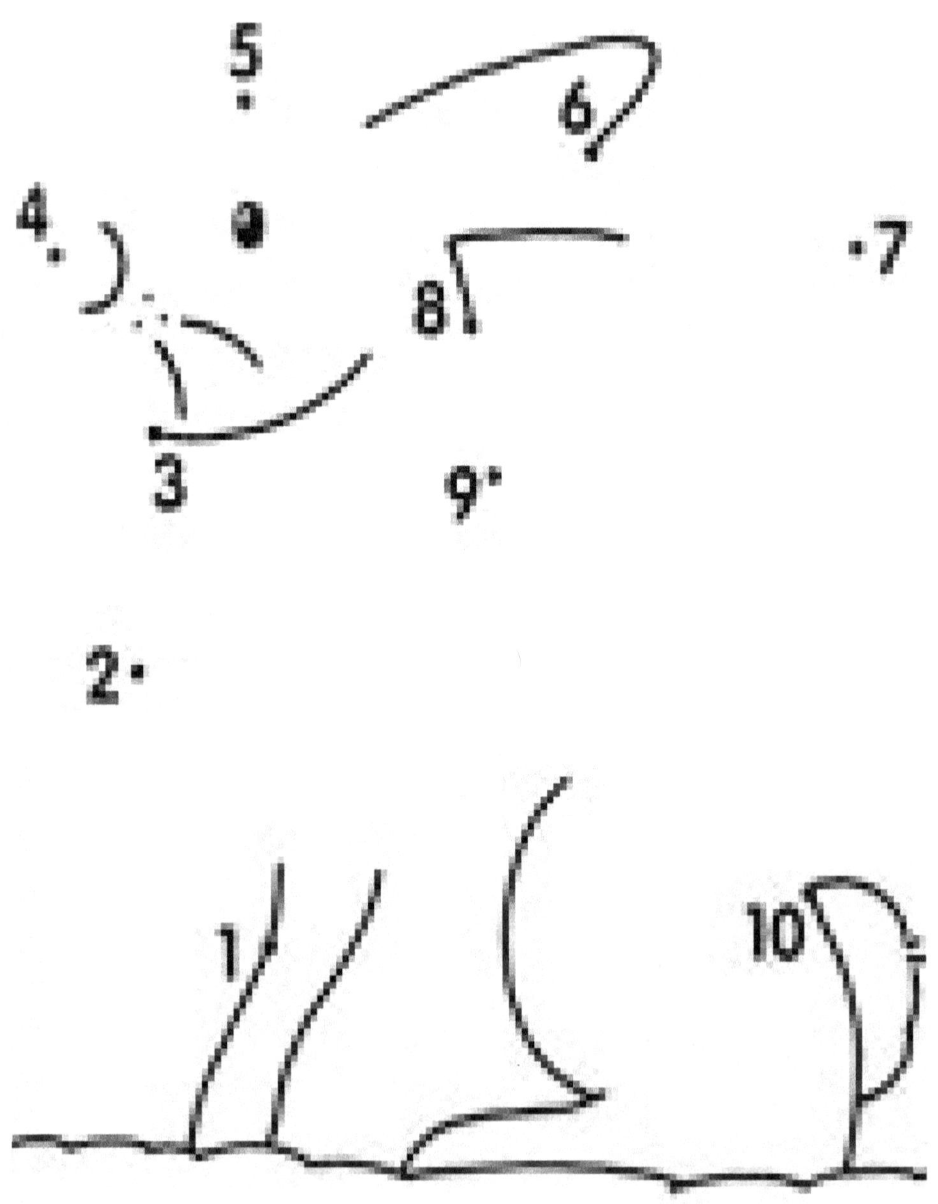